AF253617

LA
QUESTION DU MOMENT

LETTRES

ADRESSÉES AUX MEMBRES DU GOUVERNEMENT

SUR LA

DÉFENSE NATIONALE

PAR

BOICHOT,

Ancien représentant du peuple.

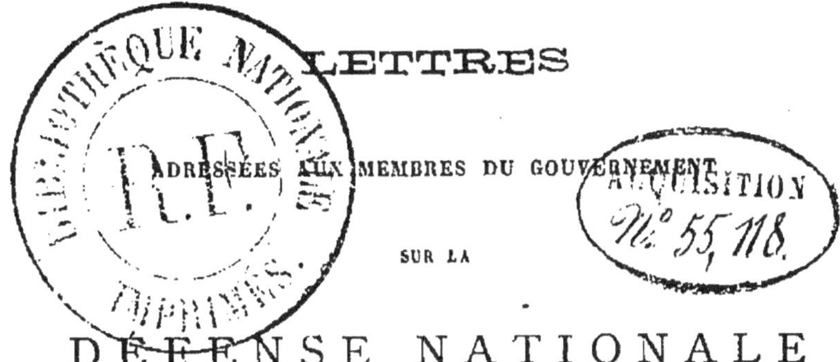

———•◆•———

BRUXELLES,

TYPOGRAPHIE DE H.-D. REYNDERS

rue du Marais, 51.

———

1870

AU CITOYEN

Rédacteur en chef du journal La Liberté.

Veuillez, citoyen rédacteur, insérer en réponse à
l'article de la *Gazette de France*, cité par l'*Étoile
belge*, la lettre ci-jointe que j'ai adressée le 22 septembre à la délégation de la défense nationale, à
Tours. Je crois y prouver que le système préconisé
par le journal monarchique ne saurait plus convenir à la France républicaine et que l'armement
général de la nation peut seul sauver le pays de
l'invasion et fonder le nouvel ordre social. Si la
Gazette consultait les annales de son parti, elle
pourrait se convaincre que cette mesure peut opposer une résistance devant laquelle viendront se
briser tous les efforts des armées régulières. La

Vendée a été invincible aussi longtemps qu'elle a fait la guerre de partisan et elle n'a succombé que lorsqu'elle a réuni toutes ses forces en masses compactes. D'un autre côté, on nous répète que les hommes capables de diriger les forces nationales manquent à la France. On semble oublier que c'est du prolétariat que sont sortis les vrais chefs patriotes, en 92. Ils étaient vaillants, désintéressés et forts, parce que l'âme de la France républicaine était avec eux. Vienne le jour où le peuple comprendra qu'il doit se sauver lui-même, nous verrons se renouveler les prodiges de notre glorieuse Révolution.

Agréez, etc.

22 septembre, 1870.

AUX CITOYENS

MEMBRES DU GOUVERNEMENT DE LA DÉFENSE NATIONALE.

« Citoyens,

« A l'heure suprême où la France est en danger, il appartient à tous les patriotes de réunir leurs efforts dans une pensée commune, afin de sauvegarder l'indépendance du pays et d'assurer le triomphe de la République. Dans l'état actuel des choses, la France doit combiner avec la tactique ordinaire des mesures de salut public correspondant avec la gravité de la situation.

» L'histoire l'atteste, jamais les armées permanentes seules et la plus savante tactique, n'ont pu sauver les peuples des invasions et de la conquête, ni garantir leur autonomie. Nos ancêtres les Gaulois, en concentrant leurs forces sur un seul point, ont permis aux Romains, après une bataille gagnée, de conquérir en quelques jours la plus grande partie de notre territoire. La France de 1815, qui a suivi cet exemple, a succombé, elle aussi, en une heure, dans les plaines de Waterloo, sous le choc des armées étrangères. Cette désastreuse journée, où l'armée seule a été vaincue, a rendu impossible la continuation de la résistance. Les mêmes causes produisent fatalement les mêmes effets.

» En ce moment la manière de faire la guerre n'a pas changé; les mêmes moyens pour l'attaque et la défense sont encore en usage. Mais si Sedan a remplacé Waterloo, il ne faut pas que Paris soit une nouvelle Alésia. Les exemples que nous venons de citer, d'accord avec les enseignements de la théorie et de l'expérience, démontrent, d'une manière éclatante, l'inanité et l'impuissance de l'ancien système.

» Devant nos sanglantes défaites, en présence de ces cohortes nombreuses et disciplinées qui foulent notre sol et menacent d'engloutir le foyer de la Révolution, il faut, à tout prix, renoncer à l'emploi des moyens ordinaires et organiser la défense sur des principes nouveaux. L'impérieuse nécessité nous en fait une loi. Pour atteindre ce but nous devons armer la nation et créer sur tous les points du pays, dans des positions stratégiques convenables, des corps de *partisans* (garde républicaine) et *volontaires*. Ces derniers prendront le titre de : *Volontaires de la République!* Organisés démocratiquement, ils seront commandés par des chefs qu'ils auront élus sans autres conditions d'éligibilité que celles du dévouement, de l'intelligence et de la capacité. Divisés en une infinité de groupes, agissant par mouvements isolés ou par évolutions d'ensemble, selon les lieux et les circonstances, ils rayonneront ainsi sur toute l'étendue du pays et concourront avec les troupes régulières à l'exécution de notre plan : refouler l'ennemi hors de nos frontières. Les batailles rangées n'entrent pas dans nos conceptions. Dans de certains cas cependant, les groupes isolés pourront se réunir et solidariser leurs efforts. Mais, autant que possible, les corps de partisans et de volontaires de la République seront localisés. Dirigés par un comité central, leur action s'exercera dans les milieux géographiques qui conviennent à leur tempérament, à leurs mœurs, à leurs habitudes et à leurs connaissances. Par l'application de ce système toutes les forces vives de la nation, toutes les énergies populaires seront ainsi mises au service de la cause sacrée de l'indépendance.

» La lutte ne se produit plus seulement sur un point donné, mais elle devient générale et embrasse la France entière. L'objectif de l'envahisseur, en se divisant forcément, se fractionne à l'infini et détruit sa puissance de cohésion, tandis que la nature et l'art viennent en aide à la défense. Les montagnes, les fleuves, les rivières, les bois, les rochers, les haies, les buissons, les villes, les villages, les hameaux deviennent des forts, des remparts et des champs de bataille. Au milieu de ces obstacles que la nature a semés sur toute la surface de notre pays, au milieu de ces phalanges citoyennes animées par le sentiment du droit et de la liberté, au milieu de cette explosion patriotique, que pourraient ces armées qui ne combattent, depuis la chute de l'empire, que pour une vaine gloire et l'ambition des despotes ! La France, en se donnant une organisation qui n'a d'analogie que dans celle de notre grande révolution, assurerait, j'en suis convaincu, le succès de nos armes et le triomphe de la démocratie. Disons-le cependant, pour être complètement efficaces, pour produire tous leurs avantages, les mesures spéciales que nous préconisons doivent se rattacher à d'autres mesures d'ordre politique, économique et social, tant à l'intérieur qu'à l'extérieur, mais dont nous croyons ne pas devoir nous occuper dans ce travail. Si l'exposé de mon projet répond aux vues du gouvernement de la défense nationale, je me mets à ses ordres pour compléter par des explications verbales les détails nécessaires à l'organisation et à la mise en pratique de ce projet.

» Agréez, citoyens, l'expression de mon profond respect.

» BOICHOT,

» Ancien représentant du peuple. »

Nous avons vu combien, sous l'influence pernicieuse du coup d'État, les mœurs politiques en France ont subi une étrange révolution et combien le niveau de l'instruction a universellement baissé.

Débarrassés de la crainte de la Révolution, les réactionnaires de tous ordres se jetèrent avec une ardeur fiévreuse dans les plaisirs et l'agiotage. Le luxe effréné, l'amour des distinctions, la manie de la mode, imprimèrent un rapide mouvement de décadence à la nouvelle société.

Ceux qui s'étaient enrichis dans le désordre et les calamités publiques parvinrent à inoculer, à une grande partie de la nation, le cynisme de leurs théories, de leurs habitudes et de leurs vices. La France s'abandonnant alors à la direction de *l'homme providentiel*, la population entière des campagnes et des villes déserta la place publique.

Les clubs, les réunions populaires, sont remplacés par les églises et les conférences religieuses. Quelques vaillants restent encore sur la brèche et luttent sans trève ni merci ; mais l'influence néfaste du clergé, de l'administration et de la police pénètre dans tous les rangs et exerce son œuvre de décomposition morale. Les campagnes deviennent bientôt un instrument docile entre les mains du pouvoir. Les actes du plus odieux arbitraire, le triomphe de tous les crimes, de toutes les iniquités avaient affaibli dans les cœurs l'amour de la liberté et la conscience du droit. Les grandes pensées de la Révolution étaient oubliées. La France ne rêvait que le repos, le calme et le développement des richesses matérielles. Le sentiment public, façonné à toutes les surprises de l'audace, avait cessé de croire à la justice. L'opinion n'eut plus pour règle que le succès. Aussi n'est-il pas étonnant qu'après les désastres de l'Empire la nation se trouvât dans cet état de marasme, d'inertie et d'affaissement où nous l'avons vue. Pour remédier à la situation, il faut relever les caractères, affranchir les consciences en rendant à chacun son initiative, sa responsabilité. L'heure est arrivée où l'homme doit penser et agir par lui-même. Il n'y a que les nations, viriles et jalouses de leur droits, qui puissent se soustraire à la honte de la servitude. Quand il s'agit de défendre sa liberté, un citoyen ne doit jamais remettre à d'autres le soin de le protéger, car ce droit abandonné devient toujours celui de l'opprimer.

Si l'on veut remédier aux tristes résultats de la guerre actuelle, il devient urgent de briser avec la routine. Le devoir est de marcher résolument au but. Il faut couper le mal à sa racine. Rien ne sera fait tant que la société demeurera soumise à la direction des hommes de l'Empire et sous la législation impériale.

C'est donc pour ramener les idées et les faits dans la voie de la révolution sociale, c'est autant pour raviver l'esprit public, retremper les âmes et offrir à chaque citoyen l'occasion de participer aux affaires de l'État, que pour donner à la République un levier puissant, une force rationnelle, que nous demandons l'application des idées contenues dans notre lettre au gouvernement de la défense nationale.

I

23 octobre, 1870.

Citoyen Rédacteur,

Les royalistes de toutes nuances, légitimistes,
orléanistes, bonapartistes, ne cessent d'accuser les
républicains socialistes de fomenter la discorde, de
diviser le parti national. Il est curieux d'observer
que ce sont précisément les hommes se prétendant
victimes qui mettent en œuvre les moyens qu'ils
attribuent et reprochent à leurs adversaires. Pour
s'en convaincre, il suffit d'étudier leurs manifesta-
tions et leur conduite politiques. Ne voyons-nous
pas, en effet, M. le comte de Chambord adresser à
ses partisans une circulaire dans laquelle il attaque
audacieusement la République et réclame, au nom
du droit divin, l'héritage de ses ancêtres. D'un autre

côté, les candidatures du prince de Joinville et du duc d'Aumale ne posent-elles pas les prémices d'une restauration orléaniste? Nous ne parlerons pas des bonapartistes dont les intrigues, tant à l'intérieur qu'à l'extérieur, s'ourdissent au grand jour. Nous avons donc raison de dire que les monarchistes conspirent ouvertement et universellement contre la République qui n'a pas été seulement, comme leurs journaux le soutiennent, un accident causé par le désastre de Sedan, mais bien une légitime revendication.

La République conquise en 1848, acclamée et légalement constituée par le suffrage universel, indépendant et libre, a été renversée non par un mouvement national, mais par le plus odieux, le plus criminel des attentats. Les sinistres journées de Décembre sont inscrites en caractères sanglants dans les pages de notre histoire. Après la honteuse capitulation de Sedan, lorsque le peuple a brisé l'Empire, il n'a fait que reprendre possession de ses droits. Quant à ceux qui ont servi d'instruments pour dépouiller la France de ses libres institutions et l'ont asservie pendant vingt années à un régime dégradant, la République ne leur doit que sa haine et son mépris. Les hommes qui l'ont trahie peuvent-ils la servir aujourd'hui? Nous ne le croyons pas. Qu'on oublie, pour le moment, l'échafaud, les fusillades, les pontons cellulaires, Cayenne et ses plages meurtrières, la confiscation, l'exil et les bagnes d'Afrique, nous le voulons bien, mais à condition que les proscripteurs ne profiteront pas de la magnanimité du peuple pour forger, à l'ombre du drapeau de la conciliation, des armes contre les républicains et qu'ils ne trameront pas de *nouvelles journées*, de nouvelles lois liberticides. Aujourd'hui on nous berne, on nous leurre, demain on nous décimera, on nous écrasera.

Si donc un parti peut accuser à juste titre le gouvernement de partialité, plus que tout autre les républicains socialistes auraient le droit d'élever la voix. A Paris, ne refuse-t-on pas de satisfaire aux légitimes réclamations des citoyens qui demandent la création d'une commune, véritable représentation des idées et des intérêts populaires. A Lyon, on emprisonne les hommes qui les premiers en France ont eu le courage de balayer l'Empire. A Marseille, l'ancien montagnard Esquiros est obligé de déposer son mandat pour avoir pris des mesures contre les ténébreuses machinations des éternels ennemis du progrès et de la liberté. Ne repousse-t-on pas le concours des volontaires républicains espagnols en leur refusant des armes et une solde, tandis qu'on accepte le service des zouaves pontificaux. Le pouvoir militaire, un instant subordonné au pouvoir civil, exerce de nouveau la suprématie. Toutes les avenues du pouvoir sont gardées par les impérialistes qui, reniant d'une manière aussi subite que scandaleuse leurs antécédents de courtisans, n'acclament la République bien haut que pour la trahir plus sûrement. Partout les calomnies les plus odieuses sont inventées et colportées par les agents du despotisme contre les défenseurs de la cause populaire.

De pareils faits détruisent les arguments de nos adversaires et établissent, au contraire, que trop d'imprudentes concessions, dont on connait déjà les funestes résultats, ont été faites. Le gouvernement de la défense nationale se trompe s'il croit, par de semblables moyens et avec de tels hommes, pouvoir assurer le triomphe de la démocratie. Nous pensons que la révolution seule peut vaincre et chasser les hordes nombreuses qui souillent le sol de la patrie. La guerre des plébéiens contre les hoberaux. L'alliance des peuples contre leurs oppresseurs. Ne l'oublions pas, la liberté a toujours péri par la main de chefs militaires. Nous devons donc organiser nos forces de manière à leur conserver le caractère de milices citoyennes et à empêcher, à tout prix, le retour d'une dictature militaire. Dans la circonstance, n'acceptons pour guides et pour drapeaux que les idées et les principes de liberté, d'égalité et de solidarité. Comme nos pères de la Convention, ayons pour axiôme que la République ne doit ses succès et son triomphe qu'au dévouement, aux efforts de tous et non aux talents de quelques-uns. Il faut répéter sans cesse au peuple que ses destinées sont en lui, et que sa liberté et son indépendance ne peuvent être conquises que par son action directe. Nous sommes par le nombre, par la vérité, par le droit, plus puissants que nos ennemis. Il ne nous manque que l'unité de plan, de direction, de travail, et le jour où la France aura imprimé un mouvement d'ensemble à ses opérations, elle aura vaincu.

II

Dans notre lettre du 22 septembre dernier au gouvernement de la République, nous avons émis l'opinion qu'il fallait s'adresser à la spontanéité populaire pour organiser la défense nationale et nous avons indiqué quels seraient, selon nous, les meilleurs moyens d'assurer le succès. Nous avons demandé la levée en masse, l'armement général de la nation et la création immédiate, sur tous les points du pays, de corps irréguliers sous le nom de partisans et de volontaires de la République, organisés démocratiquement et agissant dans des conditions particulières, en dehors des lois et de l'art de la grande guerre. Nous l'avons déjà dit, à l'heure suprème du péril ce n'est point un homme qu'il faut pour sauver un pays, mais bien la nation toute entière. La Hollande, l'Espagne, le Mexique, l'Allemagne, la France elle-même n'ont su conserver ou reconquérir leur indépendance que par la mise en pratique de ce système. En Espagne, n'a-t-on pas vu la petite ville de Lucena, dont la population s'élevait à deux mille âmes, résister avec ses propres forces pendant toute la durée de la guerre.

Les deux petites bourgades de Gendesa et Zenicero, possédant chacune environ cent hommes, ont soutenu victorieusement, à la même époque, toutes les attaques de troupes régulières et aguerries. Ces exemples démontrent que les petits centres peuvent faire de sérieuses résistances lorsque les citoyens sont fermement résolus à défendre leurs foyers.

Notre projet offre le double avantage de satisfaire aux exigences militaires de la situation actuelle et de propager dans les masses les principes de fraternité, de solidarité, ainsi que les idées d'émancipation et de régénération sociale qui doivent servir de base aux nouvelles institutions. Nous serons forts et invincibles, si nous nous plaçons hardiment sur le terrain de la Révolution. Les demi-mesures ne peuvent que nous compromettre et nous perdre. Acceptons la guerre comme on nous l'apporte et proportionnons la défense à l'attaque. Les concessions ne serviraient à rien.

C'est un parti pris, M. de Bismark ne veut pas de la République en Europe. Il veut le démembrement de la France, le renversement de ses institutions, ses frontières rognées, la monarchie rétablie.

Apercevez-vous ces tas de ruines, ces villages en flammes, toutes ces lueurs sinistres allumées par le feu des bombes ! Entendez-vous sur tous les points occupés de notre territoire ces bruits funèbres, ces ordres barbares, ces menaces, ces violences, ces exigences sauvages ! Brunswick est ressuscïté. C'est le même langage, la même dureté, la même cruauté, la même insolence, la même inhumanité. Mais que l'ennemi sache bien que nul effort ne peut briser notre unité ou effacer notre nationalité. Le foyer de la Révolution ne périra pas. Comme la vestale antique, la France républicaine garde le feu sacré qui doit régénérer le monde. Qui donc oserait vouloir la déchéance du peuple français, sinon les suppôts de la tyrannie ? Qui donc viendrait remplir le vide qu'il laisserait dans le monde si le malheur voulait qu'il disparut ? Qui donc pourrait remplacer son génie, son idéal ? On peut méconnaître la France, mais on ne peut nier sa philosophie, son initiative et son influence rénovatrice. Sans doute, elle a eu ses alternatives de grandeur et de décadence, mais, soyons en sûr, la France républicaine rachètera les fautes de la France impériale, elle sortira purifiée de la lutte, comme la vaste pensée sociale qui fermente en elle, et s'élèvera rayonnante au-dessus du

culte exclusif des intérêts matériels, devant lesquels
un instant elle a courbé la tête. Ne laissons donc
pas croire à la possibilité d'une paix honteuse, car
il n'y a de salut que dans la victoire, qui assurera
le triomphe de la République fédérale universelle !

III

Une des conséquences les plus déplorables de la
crise actuelle est la pernicieuse influence qu'elle
doit exercer dans l'avenir sur les sentiments et les
rapports entre les deux nations belligérantes.

Au commencement de cette épouvantable lutte,
après la chute de l'Empire, nous avons tendu une
main fraternelle aux démocrates allemands, et nous
avons eu la douleur de constater qu'un petit nombre de voix sympathiques ont répondu à notre cor-
dial appel. Le bruit des armes, l'enivrement de la
victoire ont effacé les grands principes nés au
souffle vivifiant des idées humanitaires. Au milieu
des cris de guerre et de carnage poussés par les
privilégiés, les travailleurs des deux pays, membres de l'*Association internationale*, ont eu conscience de leur mission, et ont indiqué au peuple

le rôle qu'il avait à jouer dans la sanglante tragédie franco-germaine. Aux excitations haineuses des réactionnaires, ils ont opposé les arguments de la saine raison. Aux cris de colère et de rage, ils ont répondu par le calme et le dédain. Aux négations du passé, ils opposent les promesses de l'avenir; à l'inertie, le progrès; à l'exploitation, la justice distributive.

Dans un opuscule intitulé *la Question de demain*, nous avons exposé les théories politiques et économiques et sociales capables, selon nous, d'éteindre les haines séculaires, de rétablir l'union entre les citoyens, de solidariser les intérêts des peuples et de fonder ainsi, sur des bases indestructibles, l'ère de la paix et de la fraternité.